Sudoku

Best Puzzle Fun—EVER!

#2

D0963830

Published by Playmore Inc., Publishers, 230 Park Avenue, New York, N.Y. 10001 and Waldman Publishing Corp., 570 Seventh Avenue, New York, N.Y. 10018

Printed in Canada

Sudoku tips:

The sudoku in this book are arranged from easiest to hardest to keep them challenging and fun. Once you get started, you won't be able to put them down! So sharpen your pencil and let's get started.

Sudoku puzzles have nine spaces across, nine spaces down and nine boxes of nine spaces within each.

When a sudoku is solved, the numbers 1 through 9 will appear in each row, column and box—but only once—and not in any particular order.

Numbers are clues and each puzzle comes with some numbers already filled in. Begin solving the sudoku by seeing which numbers already appear in each row, column and box and, using logic, fill in the numbers that are missing. The more numbers you fill in, the easier it gets to find the rest.

SUDOKU #1

9	5		4	6				
	8		3	1				9
		4			9			6
		7	2				3	8
		9	5		4	2		
8	2				6	9		
6			1			8		
4				7	8		5	
				5	3		6	4

easy

SUDOKU #2

				5	2	8		
		4		3	7			6
		7	4	9	8	1	2	
	9	3		4				
8			3		5			4
				6		7	3	
	7	5	9	1	4	2		
9			5	2		3		
		2	7	8				

easy

SUDOKU #3

5						8		
	3	1			6		9	
	8	6	7	3		5	2	
				9	2	6		
	1		6		3		8	
		2	4	5				
	6	5		1	9	7	4	
	2		3			9	1	
		4						2

easy

SUDOKU #4

9	1		2	8	7	6		
		2					5	9
		6	3		5	2		
			5		2		6	7
				7				
5	4		6		3			
		3	8		4	7		
2	7					5		
		4	7	5	9		1	2

easy

SUDOKU #5

4				8	5	2		1
		1	6		3			5
	6	5				9		7
5						3	1	
	7		1		9		4	
		4						9
7		3				6	2	
9			2		4	1		
6		2	7	3				8

easy

SUDOKU #6

			8			3	6	9
5	1			6				
	8					5		7
4	6			5	9			
	9	1	4	3	2	7	5	
			6	8			9	2
1		9					4	
				9			3	5
6	5	4			8			

easy

SUDOKU #7

			7		8			
8	2	3				7		1
			3				6	8
9		6		8	2		7	
	8	4				2	9	
	7		5	6		1		4
6	9				4			
4		8				6	1	3
			6		5			

easy

SUDOKU #8

1			2			4		7
9	6		4			2		
			6	1	5			
5	4	8	9					
6			3		2			4
					4	1	8	6
			1	2	7			
		7			6		2	9
2		6			9			5

easy

SUDOKU #9

6				4	5	7		1
		4	2			6		
		7	6		8	4		5
1	3							
9		6	3	2	1	8		4
							1	7
3		1	7		6	5		
		9			3	2		
7		5	4	8				9

easy

SUDOKU #10

		5	1	8				
7	4			5	9			
1		9		3			5	
	2	3	8		1	6		
	6	4				8	1	
		7	6		2	4	3	
	5			1		7		6
			4	6			2	8
				2	5	3		

easy

SUDOKU #11

						7		2
		8	2		3		5	
4					9			
	7	4	8	6		3		1
	9	5	3		7	6	2	
1		3		4	2	8	7	
			1					8
			7		4	5		
3		6						

easy

SUDOKU #12

	3					4	9	
	4		7	6				3
		9	3					1
7		4			3	8		
	5	8	1	7	4	2		
		3	9			1		4
8					6	9		
3				5	7		4	
	7	6					2	

easy

SUDOKU #13

			4			7		2
	9		1	5	8	6	3	
			9			1		8
3	2	8	6	1		5		
				4				
		5		8	7	3	1	6
5		2			6			
	6	3	8	2	1		7	
7		9						

easy

SUDOKU #14

	9		7			4		8
		4			5	2	7	
	2			8	4			
1	7			4			2	
		5				8		
	4			6			5	9
			8	7			9	
	6	2	1			7		
7		3			2		6	

easy

SUDOKU #15

4			2	1	6	9		
	1	2			9	4	8	
		6			4			
	7			8			5	
6		3				7		8
	5			9			3	
			9			5		
	4	7	1			8	2	
		5	3	4	7			9

easy

SUDOKU #16

	8				2	4	3	7
7						1	2	
2		3		9		6		
		1	4		8			
3			5		1			8
			9		6	2		
		9	8			5		4
	3	4						6
8	5	7	6				1	

easy

SUDOKU #17

	6		1	8				
9			7	2		4		
2	5	1				7		
8						3	9	
	4	2	8		9	5	1	
	9	5						8
		4				6	3	9
		3		4	8			5
			6	1		2		

easy

SUDOKU #18

	9	6	2			7	4	
3	2		5				9	
			1			8		2
9	1	5		4		2		3
6		7		1		9	5	4
7		1			8			
	4				5		6	1
	5	3			1	4	8	

easy

SUDOKU #19

		1			9	5	4	3
					2	8	7	6
	6		8					
1	2	3	6	9				
	7			8			1	
				5	4	7	3	2
					6		8	
7	1		5					
8	5	9	3			2		

easy

SUDOKU #20

		7	8		3			
	4		2	6				8
9		3	7			2		5
			9			6	7	1
			5		6			
6	2	9			4			
5		2			7	9		6
8				9	5		4	
			3		2	8		

easy

SUDOKU #21

2			9		7			1
	4				5	6	3	
			3					5
8	5	1		4	9	2		3
			5		2			
3		2	8	1		5	9	4
5					8			
	6	8	2				4	
4			6		1			7

easy

SUDOKU #22

	5				1	9		
4		2	7					
	9				3		8	5
	6	7	8		2			9
		8	9		5	3		
5			6		4	7	1	
2	7		3				9	
					6	8		3
		5	1				2	

easy

SUDOKU #23

	9	3		5				4
		7					8	
5	6		9					7
	8			3	9	4	2	
	4		8	2	7		3	
	3	5	6	1			9	
9					5		4	2
	7					1		
3				4		8	7	

easy

SUDOKU #24

8				2				
1	4	6	3					
	2	7		1	8		4	
	7	5	8	4	2			1
				6				
4			1	5	9	2	7	
	1		4	8		3	9	
					5	1	6	8
				3				4

easy

SUDOKU #25

	5				3		4	7
		8	9	7				2
				8	2		5	
		3			6	4	9	1
	4		1		9		8	
9	6	1	2			5		
	9			6				
1				2	7	9		
6	7		8				3	

easy

SUDOKU #26

5	9	2		1				3
1			2					9
		8	5		4			
7			1	5			3	4
		3	9		7	2		
2	5			4	8		9	
			6		5	3		
6			8		1			2
8				3		1	7	6

easy

SUDOKU #27

3	5		1	9		6		2
9					2		3	
	4			6	7			5
	7	1			3			
	9						1	
			5			8	7	
7			6	3			2	
	2		8					6
8		3		4	5		9	1

easy

SUDOKU #28

3		6					5	8
	8		3					2
7				5	4			6
1						9		5
8	5		6	2	1		4	3
4		7					8	1
6			2	4				7
9					8		2	
2	4					5		9

easy

SUDOKU #29

3	2			1			7	
6	7	8					4	1
		1	6		8		2	
			5		3			
9		5		8		3		7
			7		9			
	3		1		4	2		
8	6					1	5	9
	9			5			3	4

easy

SUDOKU #30

2	6		1			4		
4				9			1	7
	5		4					
		2	7	8	6			9
		4				8		
3			5	2	4	7		
					5		3	
1	9			4				8
		5			9		7	2

easy

SUDOKU #31

	1		3	9	7		5	4
9	3		1	5				7
			6		4		1	
			4					
1	5	8	7		2	3	4	9
					9			
	6		2		1			
4				3			6	1
2	9		8	7	6		3	

easy

SUDOKU #32

1	5				9	2	8	
4							5	9
	2	6	7		8		3	
	7	4	5		1	9		
				8				
		3	2		7	6	1	
	6		9		5	3	4	
3	4							2
	9	1	4				6	5

easy

SUDOKU #33

		4	3			2	7	
6					2	9	3	
		2		1	9			4
	4				6	3		9
	3		9		5		6	
1		6	7				4	
5			8	3		4		
	6	9	2					3
	1	3			7	8		

easy

SUDOKU #34

			6			4		9
9								7
				4		5	3	1
7		5	3		4		9	6
	1		7		9		5	
3	9		2		5	7		4
2	4	8		7				
6								3
5		1			6			

easy

SUDOKU #35

4		7	6	1			2	
	8			4	2	7		
2	6	5		3			4	
7	1					2		
		2				5		
		4					6	9
	7			6		8	3	2
		8	3	9			1	
	4			2	1	6		7

easy

SUDOKU #36

5		8			2	3		7
3	2				9			
			5			2		1
	8				4		2	3
6	7	4		3		8	1	9
2	9		8				5	
8		1			6			
			4				7	2
7		2	3			5		8

easy

SUDOKU #37

6		3		9		1		
7	2	1			6	5	3	
8			1	5				
						8		2
3	8						1	5
1		9						
			1	7				8
	6	7	8			4	5	1
		8		4		2		3

easy

SUDOKU #38

			3		1			7
	1	5	4		6		8	3
4								5
8	9	7		2				
3		2	1		7	8		4
				3		7	2	9
9								6
5	4		7		9	1	3	
7			5		3			

easy

SUDOKU #39

7		2	9		5			
			7	2			9	
	6			1				2
5	8			6				1
	2	7	1		8	4	3	
3				5			7	6
2				3			8	
	4			8	2			
			5		9	2		3

easy

SUDOKU #40

5		9	8			4		
	2	8			7	5		6
3		7						
	8			5			4	9
	5		6	4	8		7	
6	4	3		7			2	
						3		2
2		6	7			9	1	
		4			2	7		8

easy

SUDOKU #41

			7	1	4	6		
3				6	5		8	
	5	1			9		7	4
			5				1	
		6	4		1	7		
	9				2			
2	3		1			8	9	
	6		9	2				5
		9	8	5	3			

easy

SUDOKU #42

						7	3	
			1	3	8		5	6
1		6		5	7		9	2
		3				9		
	7	8				1	6	
		4				5		
5	4		9	6		2		8
8	6		5	2	1			
	9	2						

easy

SUDOKU #43

		7	5	9		1		2
		5				4	8	
6		2	4	8			5	9
	5	8		7			1	
	6			1		9	4	
5	8			4	7	3	2	1
	3	9				5		
7		1		5	8	6		

easy

SUDOKU #44

1	2			5			6	9
		6	1					4
3					8			
2	9	1		3		4	7	
7				4				2
	6	4		9		5	1	3
		3						8
6				9	2			
4	8			1			5	7

easy

SUDOKU #45

5			7	4	3	1	6	8
4				1	6	2		
		7		2				4
9							4	3
8								9
	4							7
1				9		7		
		9	6	8				1
3	8	5	2	7	1			6

easy

SUDOKU #46

	2		8				1	
		9					7	4
8	7				3	2		5
		8	5	7		6	9	
	5			1			8	
	3	7		6	8	5		
7		3	9				4	2
4	6					9		
	9				4		3	

easy

SUDOKU #47

	9			7		6		1
6		7	1		2			
	8	3					7	
9		8	4		6			3
7	4		3		9		1	6
3			7		5	4		9
	7					1	4	
			2		1	5		7
2		4		5			6	

easy

SUDOKU #48

					9	3		1
	4			1	3		2	8
				2			9	5
4	7		2	8		1		
2			1	9	6			4
		1		3	4		5	2
7	2			6				
3	9		4	5			6	
6		5	3					

easy

SUDOKU #49

	4			6	2			
2	6		7	9	8		4	
9	8	1						7
	5		6			9	7	8
				2				
6	7	8			1		3	
5						3	8	4
	2		4	8	3		1	6
			5	1			2	

easy

SUDOKU #50

	4	3	2					
1	2	6			9		4	
	7	8		4	5			6
3		7	8		6			
4	6			5			8	3
			3		4			2
7			6	8		5	9	
	9		5			2	7	8
					7	6	3	

easy

SUDOKU #51

1		8		3	2	9	5	7
	2		5		8			
		5		4				
7			3	5				
5	6						1	3
				7	6			8
				9		4		
			8		1		7	
3	7	9	4	6		8		1

easy

SUDOKU #52

	1	2	7					
3						8	4	1
		6	3	1	9	5	7	
				3	6		9	4
	4		9		1		2	
6	3		4	7				
	5	1	6	9	8	4		
8	7	4						6
					7	2	8	

easy

SUDOKU #53

	1	4			8	6		7
				4	1	2	3	
			5					
5			2	7	3	8		6
7		6	8		4	5		2
2		8	1	5	6			4
					2			
	5	2	4	8				
9		7	3			4	2	

easy

SUDOKU #54

2	7		4	1	9			
9		8		3		4		
		4			5		1	
		2	1	7		8		
	9	1					7	
		6		2	3	1		
	5		3			7		
		3		4		5		2
			5	9	1		4	3

easy

SUDOKU #55

	3	5	8	9	4		7	
				3				
8				2	7	9	4	3
3	5					7		
1			2	5	3			9
		9					2	5
4	2	8	9	6				7
				1				
	1		3	7	8	2	5	

easy

SUDOKU #56

	8	4	2	1				7
			6	7		9	8	4
						2		5
8			5					1
		9		3		8		
3					8			6
4		8						
7	5	6		9	1			
1				4	2	6	5	

easy

SUDOKU #57

		3			5		8	9
7	9		3		8			
				6	2		4	
		4			6		1	
3		1				7		6
	7		8			5		
	3		5	8				
			6		7		3	8
6	4		2			1		

easy

SUDOKU #58

3						7		
		6	9	7			8	
1		7	2				4	3
5						4	7	
	3	9	5		7	2	1	
	8	2						6
6	7				2	9		5
	1			5	6	8		
		5						7

easy

SUDOKU #59

1		5	9	4			7	
			1		3	5		9
		9		8			4	
5	4		8			2		
9		2				4		7
		8			1		5	6
	8			1		7		
6		1	3		4			
	9			5	8	1		4

easy

SUDOKU #60

9	1				6	5	2	4
	7				4			
		8	1	5	2	9		3
	5	4						
1	3						5	9
						6	4	
8		1	2	7	9	4		
			4				1	
4	2	5	3				9	6

easy

SUDOKU #61

5	7							
		1			8		7	3
	3	2	7		6	1	8	
			1				4	
			6	2	9			
	6							
	8	7	9		5	4	2	
4	5		8			7		
							1	8

intermediate

SUDOKU #62

4		3						2
				2		1	9	3
				6				7
		1			2			
	7	4	1		9	5	2	
			3			9		
6				3				
1	2	9		4				
7						6		9

intermediate

SUDOKU #63

	6	7	8				1	
				6	7			
3	8							9
	3			8		1		7
8			4		2			3
7		4		3			6	
4							3	6
			9	4				
	2				6	4	5	

intermediate

SUDOKU #64

5	9	7	8				1	
2							6	4
8					1		5	
			7					
6	1			2			7	
					4			
	4		5					9
9	8							1
	7				3	6	8	5

intermediate

SUDOKU #65

							4	
	5	2			4	1		8
1			9	8		6		2
	7			5	9			
4								1
			7	4			2	
6		4		1	5			7
7		5	8			4	6	
	8							

intermediate

SUDOKU #66

5			4					9
		7		2				
	4	3	6			5		
8		2						
	3	1	2		7	4	5	
						2		1
		5			3	7	8	
				6		9		
7					5			3

intermediate

SUDOKU #67

7			6		8	5		
			9					4
				5		1	8	
						2	3	9
		9		3		7		
1	3	2						
	7	4		6				
6					3			
		1	2		5			8

intermediate

SUDOKU #68

4	7		2				1	5
	5	1						9
		9						7
		4		3	8	7		
		1			5			
		8	7	2		3		
1						5		
6						4	9	
7	4				2		8	3

intermediate

SUDOKU #69

5		1						
		2	8	9			1	
7			4		1	5		
				1		4		
		3	9	7	8	2		
		7		4			8	
		5	6		3			8
	2			8	4	1		
						3		7

intermediate

SUDOKU #70

1				5				7
			2	1			9	
5		8						2
9	2		7			8		
6			8		1			9
		1			3		2	5
4						7		8
	5			4	6			
2				8				4

intermediate

SUDOKU #71

4	9							
	2	7			8			
	6			2	5			
2			7	6			9	1
1	8			5	4			7
			9	7			1	
			8			5	4	
							6	3

intermediate

SUDOKU #72

	8		5	2		3	7	
3								2
		5					6	8
	6				5	1		
				9				
		2	8				5	
8	9					4		
7								3
	2	6		5	9		1	

intermediate

SUDOKU #73

		7	9	6				
	8	4			2			
		6	4	7	5			
7		1		4		6		
	3						7	
		8		3		2		9
			8	9	3	4		
			7			1	8	
				5	4	7		

intermediate

SUDOKU #74

	6	2	5		3	7	4	
						1	5	2
				4				
5						4	8	7
			1		5			
3	9	4						1
			9					
1	7	9						
	5	8	2		6	9	1	

intermediate

SUDOKU #75

4		8					1	3
							9	
	7		5		2			6
	9			7	4			
6								1
			9	6			2	
5			8		9		6	
	6							
3	4					5		7

intermediate

SUDOKU #76

			4			5		
9			1					
	2	5					1	8
		3	6		4	8		
6			2	8	7			3
		7	3		1	4		
7	3					9	5	
					2			1
		2			9			

intermediate

SUDOKU #77

			4	8	9			5
1	8					3	9	
5	2				3			4
	1		8		4		3	
8			5				7	6
	6	7					4	1
4			1	9	7			

intermediate

SUDOKU #78

4		1	9				7	
	8		5	4				
		2			3	8		
					2	6		1
			3		4			
2		9	6					
		5	2			1		
				3	1		8	
	9				6	3		2

intermediate

SUDOKU #79

	9	6	2				4	
			5				6	
	7				9	5		3
			1			3		6
			9		4			
2		7			5			
4		9	7				5	
	2				1			
	5				8	2	7	

intermediate

SUDOKU #80

		7				3	8	
8	9			7			5	6
3				4			7	
			5			1		9
9		5			8			
	6			1				2
5	2			6			1	3
	7	9				6		

intermediate

SUDOKU #81

8				5	7	4	9	
6			4			2		5
5								
	8		3					
7		2				3		9
			4		6			
								6
9		6			5			1
	7	3	9	1				2

intermediate

SUDOKU #82

			9				3	
		6	4	2				9
	9	2	8	3				
1	7							
		8				9		
							5	6
				9	2	3	4	
8				6	4	2		
	3				5			

intermediate

SUDOKU #83

								2
	6	5		4	8			
	9			1				
	7		3	9			5	
		9	2		7	1		
	3			6	4		7	
				5			3	
			4	2		7	6	
1								

intermediate

SUDOKU #84

	7		2			6	8	4
	1	8			6	3		
					8			1
			7					
8		5	1	9	3	2		7
				2				
5			4					
		1	6			7	2	
2	8	7			1		6	

intermediate

SUDOKU #85

	9		4			1		
			9	3	2	8		
		6						
	5			2			9	
7			5		9			2
	3			6			1	
						6		
		4	7	9	8			
		2			4		7	

intermediate

SUDOKU #86

		8	7	6		3	1	
	1	6		2	4		9	
			3				4	
			9			5		
				4				
		1			8			
	8				2			
	6		4	9			5	
	9	4		5	3	6		

challenging

SUDOKU #87

8		6	4				2	
			2					7
			6	5		4		
				4		7		
	3	7					9	5
		2		8				
		8		1	4			
5				3				
	1				7	6		4

challenging

SUDOKU #88

				6		8	7	5
	2			3				
	8		9			3	6	
2							5	
5			7		1			6
	7							9
	9	2			3		8	
				2			4	
7	5	1		8				

challenging

SUDOKU #89

5					1		7	
	6					5	8	
8				7	5			2
1	2		8				4	
	4				6		9	5
9			1	3				7
	8	1					5	
	3		4					9

challenging

SUDOKU #90

	4			9		6		
	9						3	
			3		8			1
	6			5	4			8
8			6	3			5	
2			9		7			
	7						9	
		5		1			4	

challenging

SUDOKU #91

6					4		5	3
	3	1		5	7			
		2				9		
1						3		
		6		8		4		
		4						5
		3				2		
			7	1		5	4	
4	5		2					8

challenging

SUDOKU #92

	7				8		3	6
			4	3				
6				7		2		
		3	8				5	4
		8				7		
1	2				6	9		
	1		9					7
			7	2				
2	8		3					

challenging

SUDOKU #93

8							1	
	2				6	7		
		6	8			3	2	5
					1			6
		8	5		3	2		
4			6					
5	4	1			2	8		
		9	3				5	
	3							2

challenging

SUDOKU #94

						3		
8			1		3			9
7				6				
2		5	9				3	
	6		8		1		5	
	1			7	5	9		6
				8				3
1			3		9			2
		7						

tough

SUDOKU #95

9					6			8
5			4	1		7		9
8	7			3				
					4			
	5			8			4	
		9	3					
				4			5	7
6		4		7	9			1
7			2					4

tough

SUDOKU #96

5		7		1	4			
	6						3	
	1			2		8		
					9	4	6	
9								7
	4	5	6					
		2		9			4	
	5						1	
			5	8		7		6

tough

SUDOKU #97

					7			
9					3			6
8		7		1			9	3
4		9		7		2		
			6		8			
		8		3		5		7
3	1			6		9		2
7			3					5
			9					

tough

SUDOKU #98

5		8			1	7		
	3			6	4			9
2			3					
		5				6		
		2	8	4	6	5		
		1				9		
				9				2
7			4	5			9	
		9	7			4		

super tough

SUDOKU #99

4	8	7						6
				3			8	1
				5	7			
3			6	4				5
	6						7	
9				2	7			4
		3	9					
7	2			1				
1						3	9	

super tough

SUDOKU #100

							1	5
5			9		1	4		
			5	2		6		
8	9			2		3	5	
		5		1		8		
	3	1		8			2	9
	7		8	4				
			2		3			4
2	8							

super tough

ANSWER KEY

SUDOKU #1

9	5	2	4	6	7	3	8	1
7	8	6	3	1	5	4	2	9
1	3	4	8	2	9	5	7	6
5	4	7	2	9	1	6	3	8
3	6	9	5	8	4	2	1	7
8	2	1	7	3	6	9	4	5
6	7	5	1	4	2	8	9	3
4	9	3	6	7	8	1	5	2
2	1	8	9	5	3	7	6	4

SUDOKU #2

1	3	9	6	5	2	8	4	7
2	8	4	1	3	7	5	9	6
5	6	7	4	9	8	1	2	3
7	9	3	2	4	1	6	8	5
8	2	6	3	7	5	9	1	4
4	5	1	8	6	9	7	3	2
3	7	5	9	1	4	2	6	8
9	4	8	5	2	6	3	7	1
6	1	2	7	8	3	4	5	9

SUDOKU #3

5	4	7	9	2	1	8	6	3
2	3	1	5	8	6	4	9	7
9	8	6	7	3	4	5	2	1
8	5	3	1	9	2	6	7	4
4	1	9	6	7	3	2	8	5
6	7	2	4	5	8	1	3	9
3	6	5	2	1	9	7	4	8
7	2	8	3	4	5	9	1	6
1	9	4	8	6	7	3	5	2

SUDOKU #4

9	1	5	2	8	7	6	4	3
7	3	2	4	6	1	8	5	9
4	8	6	3	9	5	2	7	1
3	9	8	5	4	2	1	6	7
6	2	1	9	7	8	4	3	5
5	4	7	6	1	3	9	2	8
1	5	3	8	2	4	7	9	6
2	7	9	1	3	6	5	8	4
8	6	4	7	5	9	3	1	2

SUDOKU #5

4	3	7	9	8	5	2	6	1
2	9	1	6	7	3	4	8	5
8	6	5	4	1	2	9	3	7
5	2	9	8	4	7	3	1	6
3	7	6	1	5	9	8	4	2
1	8	4	3	2	6	7	5	9
7	1	3	5	9	8	6	2	4
9	5	8	2	6	4	1	7	3
6	4	2	7	3	1	5	9	8

SUDOKU #6

2	4	7	8	1	5	3	6	9
5	1	3	9	6	7	8	2	4
9	8	6	2	4	3	5	1	7
4	6	2	7	5	9	1	8	3
8	9	1	4	3	2	7	5	6
3	7	5	6	8	1	4	9	2
1	3	9	5	7	6	2	4	8
7	2	8	1	9	4	6	3	5
6	5	4	3	2	8	9	7	1

SUDOKU #7

1	6	9	7	5	8	4	3	2
8	2	3	9	4	6	7	5	1
7	4	5	3	2	1	9	6	8
9	1	6	4	8	2	3	7	5
5	8	4	1	7	3	2	9	6
3	7	2	5	6	9	1	8	4
6	9	1	8	3	4	5	2	7
4	5	8	2	9	7	6	1	3
2	3	7	6	1	5	8	4	9

SUDOKU #8

1	8	5	2	9	3	4	6	7
9	6	3	4	7	8	2	5	1
7	2	4	6	1	5	9	3	8
5	4	8	9	6	1	3	7	2
6	7	1	3	8	2	5	9	4
3	9	2	7	5	4	1	8	6
8	5	9	1	2	7	6	4	3
4	1	7	5	3	6	8	2	9
2	3	6	8	4	9	7	1	5

SUDOKU #9

6	8	3	9	4	5	7	2	1
5	9	4	2	1	7	6	8	3
2	1	7	6	3	8	4	9	5
1	3	8	5	7	4	9	6	2
9	7	6	3	2	1	8	5	4
4	5	2	8	6	9	3	1	7
3	2	1	7	9	6	5	4	8
8	4	9	1	5	3	2	7	6
7	6	5	4	8	2	1	3	9

SUDOKU #10

2	3	5	1	8	4	9	6	7
7	4	6	2	5	9	1	8	3
1	8	9	7	3	6	2	5	4
5	2	3	8	4	1	6	7	9
9	6	4	5	7	3	8	1	2
8	1	7	6	9	2	4	3	5
4	5	2	3	1	8	7	9	6
3	9	1	4	6	7	5	2	8
6	7	8	9	2	5	3	4	1

SUDOKU #11

5	3	9	4	8	1	7	6	2
6	1	8	2	7	3	4	5	9
4	2	7	6	5	9	1	8	3
2	7	4	8	6	5	3	9	1
8	9	5	3	1	7	6	2	4
1	6	3	9	4	2	8	7	5
7	5	2	1	3	6	9	4	8
9	8	1	7	2	4	5	3	6
3	4	6	5	9	8	2	1	7

SUDOKU #12

6	3	7	5	1	8	4	9	2
1	4	2	7	6	9	5	8	3
5	8	9	3	4	2	7	6	1
7	1	4	6	2	3	8	5	9
9	5	8	1	7	4	2	3	6
2	6	3	9	8	5	1	7	4
8	2	5	4	3	6	9	1	7
3	9	1	2	5	7	6	4	8
4	7	6	8	9	1	3	2	5

SUDOKU #13

8	5	1	4	6	3	7	9	2
2	9	7	1	5	8	6	3	4
6	3	4	9	7	2	1	5	8
3	2	8	6	1	9	5	4	7
1	7	6	3	4	5	8	2	9
9	4	5	2	8	7	3	1	6
5	1	2	7	9	6	4	8	3
4	6	3	8	2	1	9	7	5
7	8	9	5	3	4	2	6	1

SUDOKU #14

5	9	6	7	2	1	4	3	8
8	1	4	9	3	5	2	7	6
3	2	7	6	8	4	9	1	5
1	7	9	5	4	8	6	2	3
6	3	5	2	1	9	8	4	7
2	4	8	3	6	7	1	5	9
4	5	1	8	7	6	3	9	2
9	6	2	1	5	3	7	8	4
7	8	3	4	9	2	5	6	1

SUDOKU #15

4	3	8	2	1	6	9	7	5
7	1	2	5	3	9	4	8	6
5	9	6	8	7	4	3	1	2
1	7	9	6	8	3	2	5	4
6	2	3	4	5	1	7	9	8
8	5	4	7	9	2	6	3	1
3	6	1	9	2	8	5	4	7
9	4	7	1	6	5	8	2	3
2	8	5	3	4	7	1	6	9

SUDOKU #16

9	8	5	1	6	2	4	3	7
7	4	6	3	8	5	1	2	9
2	1	3	7	4	9	6	8	5
5	9	1	4	2	8	7	6	3
3	6	2	5	7	1	9	4	8
4	7	8	9	3	6	2	5	1
6	2	9	8	1	3	5	7	4
1	3	4	2	5	7	8	9	6
8	5	7	6	9	4	3	1	2

SUDOKU #17

4	6	7	1	8	3	9	5	2
9	3	8	7	2	5	4	6	1
2	5	1	4	9	6	7	8	3
8	1	6	2	5	4	3	9	7
7	4	2	8	3	9	5	1	6
3	9	5	6	1	7	2	4	8
1	8	4	5	7	2	6	3	9
6	2	3	9	4	8	1	7	5
5	7	9	3	6	1	8	2	4

SUDOKU #18

1	9	6	2	8	3	7	4	5
3	2	8	5	7	4	1	9	6
5	7	4	1	6	9	8	3	2
9	1	5	8	4	6	2	7	3
4	3	2	9	5	7	6	1	8
6	8	7	3	1	2	9	5	4
7	6	1	4	3	8	5	2	9
8	4	9	7	2	5	3	6	1
2	5	3	6	9	1	4	8	7

SUDOKU #19

2	8	1	7	6	9	5	4	3
9	3	5	4	1	2	8	7	6
4	6	7	8	3	5	9	2	1
1	2	3	6	9	7	4	5	8
5	7	4	2	8	3	6	1	9
6	9	8	1	5	4	7	3	2
3	4	2	9	7	6	1	8	5
7	1	6	5	2	8	3	9	4
8	5	9	3	4	1	2	6	7

SUDOKU #20

2	6	7	8	5	3	1	9	4
1	4	5	2	6	9	7	3	8
9	8	3	7	4	1	2	6	5
3	5	4	9	2	8	6	7	1
7	1	8	5	3	6	4	2	9
6	2	9	1	7	4	5	8	3
5	3	2	4	8	7	9	1	6
8	7	1	6	9	5	3	4	2
4	9	6	3	1	2	8	5	7

SUDOKU #21

2	3	5	9	6	7	4	8	1
9	4	7	1	8	5	6	3	2
1	8	6	3	2	4	9	7	5
8	5	1	7	4	9	2	6	3
6	9	4	5	3	2	7	1	8
3	7	2	8	1	6	5	9	4
5	1	9	4	7	8	3	2	6
7	6	8	2	5	3	1	4	9
4	2	3	6	9	1	8	5	7

SUDOKU #22

6	5	3	2	8	1	9	4	7
4	8	2	7	5	9	1	3	6
7	9	1	4	6	3	2	8	5
3	6	7	8	1	2	4	5	9
1	4	8	9	7	5	3	6	2
5	2	9	6	3	4	7	1	8
2	7	6	3	4	8	5	9	1
9	1	4	5	2	6	8	7	3
8	3	5	1	9	7	6	2	4

SUDOKU #23

8	9	3	7	5	1	2	6	4
1	2	7	4	6	3	9	8	5
5	6	4	9	8	2	3	1	7
7	8	1	5	3	9	4	2	6
6	4	9	8	2	7	5	3	1
2	3	5	6	1	4	7	9	8
9	1	8	3	7	5	6	4	2
4	7	6	2	9	8	1	5	3
3	5	2	1	4	6	8	7	9

SUDOKU #24

8	5	9	6	2	4	7	1	3
1	4	6	3	9	7	8	5	2
3	2	7	5	1	8	6	4	9
6	7	5	8	4	2	9	3	1
2	9	1	7	6	3	4	8	5
4	8	3	1	5	9	2	7	6
5	1	2	4	8	6	3	9	7
9	3	4	2	7	5	1	6	8
7	6	8	9	3	1	5	2	4

SUDOKU #25

2	5	9	6	1	3	8	4	7
4	3	8	9	7	5	6	1	2
7	1	6	4	8	2	3	5	9
8	2	3	7	5	6	4	9	1
5	4	7	1	3	9	2	8	6
9	6	1	2	4	8	5	7	3
3	9	4	5	6	1	7	2	8
1	8	5	3	2	7	9	6	4
6	7	2	8	9	4	1	3	5

SUDOKU #26

5	9	2	7	1	6	4	8	3
1	4	7	2	8	3	5	6	9
3	6	8	5	9	4	7	2	1
9	7	6	1	5	2	8	3	4
4	8	3	9	6	7	2	1	5
2	5	1	3	4	8	6	9	7
7	1	9	6	2	5	3	4	8
6	3	4	8	7	1	9	5	2
8	2	5	4	3	9	1	7	6

SUDOKU #27

3	5	7	1	9	8	6	4	2
9	8	6	4	5	2	1	3	7
1	4	2	3	6	7	9	8	5
5	7	1	9	8	3	2	6	4
6	9	8	7	2	4	5	1	3
2	3	4	5	1	6	8	7	9
7	1	5	6	3	9	4	2	8
4	2	9	8	7	1	3	5	6
8	6	3	2	4	5	7	9	1

SUDOKU #28

3	9	6	1	7	2	4	5	8
5	8	4	3	9	6	1	7	2
7	2	1	8	5	4	3	9	6
1	3	2	4	8	7	9	6	5
8	5	9	6	2	1	7	4	3
4	6	7	9	3	5	2	8	1
6	1	5	2	4	9	8	3	7
9	7	3	5	1	8	6	2	4
2	4	8	7	6	3	5	1	9

SUDOKU #29

3	2	9	4	1	5	6	7	8
6	7	8	9	3	2	5	4	1
4	5	1	6	7	8	9	2	3
7	1	6	5	4	3	8	9	2
9	4	5	2	8	1	3	6	7
2	8	3	7	6	9	4	1	5
5	3	7	1	9	4	2	8	6
8	6	4	3	2	7	1	5	9
1	9	2	8	5	6	7	3	4

SUDOKU #30

2	6	7	1	5	8	4	9	3
4	3	8	6	9	2	5	1	7
9	5	1	4	7	3	2	8	6
5	1	2	7	8	6	3	4	9
6	7	4	9	3	1	8	2	5
3	8	9	5	2	4	7	6	1
7	2	6	8	1	5	9	3	4
1	9	3	2	4	7	6	5	8
8	4	5	3	6	9	1	7	2

SUDOKU #31

6	1	2	3	9	7	8	5	4
9	3	4	1	5	8	6	2	7
8	7	5	6	2	4	9	1	3
7	2	9	4	1	3	5	8	6
1	5	8	7	6	2	3	4	9
3	4	6	5	8	9	1	7	2
5	6	3	2	4	1	7	9	8
4	8	7	9	3	5	2	6	1
2	9	1	8	7	6	4	3	5

SUDOKU #32

1	5	7	3	4	9	2	8	6
4	3	8	1	6	2	7	5	9
9	2	6	7	5	8	4	3	1
6	7	4	5	3	1	9	2	8
2	1	9	6	8	4	5	7	3
5	8	3	2	9	7	6	1	4
8	6	2	9	1	5	3	4	7
3	4	5	8	7	6	1	9	2
7	9	1	4	2	3	8	6	5

SUDOKU #33

9	5	4	3	6	8	2	7	1
6	8	1	4	7	2	9	3	5
3	7	2	5	1	9	6	8	4
7	4	5	1	8	6	3	2	9
2	3	8	9	4	5	1	6	7
1	9	6	7	2	3	5	4	8
5	2	7	8	3	1	4	9	6
8	6	9	2	5	4	7	1	3
4	1	3	6	9	7	8	5	2

SUDOKU #34

1	2	3	6	5	7	4	8	9
9	5	4	8	3	1	6	2	7
8	6	7	9	4	2	5	3	1
7	8	5	3	1	4	2	9	6
4	1	2	7	6	9	3	5	8
3	9	6	2	8	5	7	1	4
2	4	8	1	7	3	9	6	5
6	7	9	5	2	8	1	4	3
5	3	1	4	9	6	8	7	2

SUDOKU #35

4	9	7	6	1	5	3	2	8
3	8	1	9	4	2	7	5	6
2	6	5	7	3	8	9	4	1
7	1	6	4	5	9	2	8	3
9	3	2	1	8	6	5	7	4
8	5	4	2	7	3	1	6	9
1	7	9	5	6	4	8	3	2
6	2	8	3	9	7	4	1	5
5	4	3	8	2	1	6	9	7

SUDOKU #36

5	1	8	6	4	2	3	9	7
3	2	7	1	8	9	6	4	5
4	6	9	5	7	3	2	8	1
1	8	5	9	6	4	7	2	3
6	7	4	2	3	5	8	1	9
2	9	3	8	1	7	4	5	6
8	5	1	7	2	6	9	3	4
9	3	6	4	5	8	1	7	2
7	4	2	3	9	1	5	6	8

SUDOKU #37

6	5	3	7	9	2	1	8	4
7	2	1	4	8	6	5	3	9
8	9	4	1	5	3	6	2	7
5	4	6	3	7	1	8	9	2
3	8	2	9	6	4	7	1	5
1	7	9	5	2	8	3	4	6
4	3	5	2	1	7	9	6	8
2	6	7	8	3	9	4	5	1
9	1	8	6	4	5	2	7	3

SUDOKU #38

6	8	9	3	5	1	2	4	7
2	1	5	4	7	6	9	8	3
4	7	3	9	8	2	6	1	5
8	9	7	6	2	4	3	5	1
3	5	2	1	9	7	8	6	4
1	6	4	8	3	5	7	2	9
9	3	1	2	4	8	5	7	6
5	4	8	7	6	9	1	3	2
7	2	6	5	1	3	4	9	8

SUDOKU #39

7	3	2	9	4	5	1	6	8
1	5	8	7	2	6	3	9	4
4	6	9	8	1	3	7	5	2
5	8	4	3	6	7	9	2	1
6	2	7	1	9	8	4	3	5
3	9	1	2	5	4	8	7	6
2	7	5	4	3	1	6	8	9
9	4	3	6	8	2	5	1	7
8	1	6	5	7	9	2	4	3

SUDOKU #40

5	1	9	8	2	6	4	3	7
4	2	8	1	3	7	5	9	6
3	6	7	5	9	4	2	8	1
7	8	1	2	5	3	6	4	9
9	5	2	6	4	8	1	7	3
6	4	3	9	7	1	8	2	5
8	7	5	4	1	9	3	6	2
2	3	6	7	8	5	9	1	4
1	9	4	3	6	2	7	5	8

SUDOKU #41

9	2	8	7	1	4	6	5	3
3	4	7	2	6	5	9	8	1
6	5	1	3	8	9	2	7	4
4	7	2	5	9	8	3	1	6
5	8	6	4	3	1	7	2	9
1	9	3	6	7	2	5	4	8
2	3	5	1	4	6	8	9	7
8	6	4	9	2	7	1	3	5
7	1	9	8	5	3	4	6	2

SUDOKU #42

4	8	5	6	9	2	7	3	1
7	2	9	1	3	8	4	5	6
1	3	6	4	5	7	8	9	2
2	5	3	7	1	6	9	8	4
9	7	8	2	4	5	1	6	3
6	1	4	3	8	9	5	2	7
5	4	1	9	6	3	2	7	8
8	6	7	5	2	1	3	4	9
3	9	2	8	7	4	6	1	5

SUDOKU #43

8	4	7	5	9	6	1	3	2
3	9	5	7	2	1	4	8	6
6	1	2	4	8	3	7	5	9
9	5	8	6	7	4	2	1	3
1	7	4	2	3	9	8	6	5
2	6	3	8	1	5	9	4	7
5	8	6	9	4	7	3	2	1
4	3	9	1	6	2	5	7	8
7	2	1	3	5	8	6	9	4

SUDOKU #44

1	2	8	4	5	3	7	6	9
9	5	6	1	2	7	8	3	4
3	4	7	9	6	8	1	2	5
2	9	1	8	3	5	4	7	6
7	3	5	6	4	1	9	8	2
8	6	4	7	9	2	5	1	3
5	1	2	3	7	4	6	9	8
6	7	3	5	8	9	2	4	1
4	8	9	2	1	6	3	5	7

SUDOKU #45

5	9	2	7	4	3	1	6	8
4	3	8	9	1	6	2	7	5
6	1	7	5	2	8	9	3	4
9	7	6	1	5	2	8	4	3
8	5	1	4	3	7	6	2	9
2	4	3	8	6	9	5	1	7
1	6	4	3	9	5	7	8	2
7	2	9	6	8	4	3	5	1
3	8	5	2	7	1	4	9	6

SUDOKU #46

6	2	5	8	4	7	3	1	9
3	1	9	6	2	5	8	7	4
8	7	4	1	9	3	2	6	5
1	4	8	5	7	2	6	9	3
2	5	6	3	1	9	4	8	7
9	3	7	4	6	8	5	2	1
7	8	3	9	5	6	1	4	2
4	6	2	7	3	1	9	5	8
5	9	1	2	8	4	7	3	6

SUDOKU #47

4	9	2	5	7	8	6	3	1
6	5	7	1	3	2	9	8	4
1	8	3	6	9	4	2	7	5
9	2	8	4	1	6	7	5	3
7	4	5	3	2	9	8	1	6
3	6	1	7	8	5	4	2	9
5	7	9	8	6	3	1	4	2
8	3	6	2	4	1	5	9	7
2	1	4	9	5	7	3	6	8

SUDOKU #48

5	8	2	6	4	9	3	7	1
9	4	7	5	1	3	6	2	8
1	3	6	8	2	7	4	9	5
4	7	9	2	8	5	1	3	6
2	5	3	1	9	6	7	8	4
8	6	1	7	3	4	9	5	2
7	2	4	9	6	8	5	1	3
3	9	8	4	5	1	2	6	7
6	1	5	3	7	2	8	4	9

SUDOKU #49

3	4	7	1	6	2	8	9	5
2	6	5	7	9	8	1	4	3
9	8	1	3	4	5	2	6	7
1	5	2	6	3	4	9	7	8
4	9	3	8	2	7	6	5	1
6	7	8	9	5	1	4	3	2
5	1	6	2	7	9	3	8	4
7	2	9	4	8	3	5	1	6
8	3	4	5	1	6	7	2	9

SUDOKU #50

5	4	3	2	6	8	9	1	7
1	2	6	7	3	9	8	4	5
9	7	8	1	4	5	3	2	6
3	1	7	8	2	6	4	5	9
4	6	2	9	5	1	7	8	3
8	5	9	3	7	4	1	6	2
7	3	1	6	8	2	5	9	4
6	9	4	5	1	3	2	7	8
2	8	5	4	9	7	6	3	1

SUDOKU #51

1	4	8	6	3	2	9	5	7
9	2	7	5	1	8	6	3	4
6	3	5	9	4	7	1	8	2
7	8	1	3	5	4	2	9	6
5	6	4	2	8	9	7	1	3
2	9	3	1	7	6	5	4	8
8	1	2	7	9	3	4	6	5
4	5	6	8	2	1	3	7	9
3	7	9	4	6	5	8	2	1

SUDOKU #52

5	1	2	7	8	4	3	6	9
3	9	7	2	6	5	8	4	1
4	8	6	3	1	9	5	7	2
1	2	5	8	3	6	7	9	4
7	4	8	9	5	1	6	2	3
6	3	9	4	7	2	1	5	8
2	5	1	6	9	8	4	3	7
8	7	4	5	2	3	9	1	6
9	6	3	1	4	7	2	8	5

SUDOKU #53

3	1	4	9	2	8	6	5	7
8	7	5	6	4	1	2	3	9
6	2	9	5	3	7	1	4	8
5	4	1	2	7	3	8	9	6
7	3	6	8	9	4	5	1	2
2	9	8	1	5	6	3	7	4
4	6	3	7	1	2	9	8	5
1	5	2	4	8	9	7	6	3
9	8	7	3	6	5	4	2	1

SUDOKU #54

2	7	5	4	1	9	3	6	8
9	1	8	6	3	7	4	2	5
6	3	4	2	8	5	9	1	7
5	4	2	1	7	6	8	3	9
3	9	1	8	5	4	2	7	6
7	8	6	9	2	3	1	5	4
4	5	9	3	6	2	7	8	1
1	6	3	7	4	8	5	9	2
8	2	7	5	9	1	6	4	3

SUDOKU #55

2	3	5	8	9	4	6	7	1
7	9	4	1	3	6	5	8	2
8	6	1	5	2	7	9	4	3
3	5	2	6	4	9	7	1	8
1	8	7	2	5	3	4	6	9
6	4	9	7	8	1	3	2	5
4	2	8	9	6	5	1	3	7
5	7	3	4	1	2	8	9	6
9	1	6	3	7	8	2	5	4

SUDOKU #56

9	8	4	2	1	5	3	6	7
2	1	5	6	7	3	9	8	4
6	3	7	9	8	4	2	1	5
8	4	2	5	6	9	7	3	1
5	6	9	1	3	7	8	4	2
3	7	1	4	2	8	5	9	6
4	2	8	3	5	6	1	7	9
7	5	6	8	9	1	4	2	3
1	9	3	7	4	2	6	5	8

SUDOKU #57

4	6	3	1	7	5	2	8	9
7	9	2	3	4	8	6	5	1
8	1	5	9	6	2	3	4	7
9	5	4	7	2	6	8	1	3
3	8	1	4	5	9	7	2	6
2	7	6	8	3	1	5	9	4
1	3	7	5	8	4	9	6	2
5	2	9	6	1	7	4	3	8
6	4	8	2	9	3	1	7	5

SUDOKU #58

3	5	8	6	4	1	7	9	2
2	4	6	9	7	3	5	8	1
1	9	7	2	8	5	6	4	3
5	6	1	3	2	8	4	7	9
4	3	9	5	6	7	2	1	8
7	8	2	1	9	4	3	5	6
6	7	4	8	1	2	9	3	5
9	1	3	7	5	6	8	2	4
8	2	5	4	3	9	1	6	7

SUDOKU #59

1	6	5	9	4	2	3	7	8
8	7	4	1	6	3	5	2	9
3	2	9	7	8	5	6	4	1
5	4	6	8	9	7	2	1	3
9	1	2	5	3	6	4	8	7
7	3	8	4	2	1	9	5	6
4	8	3	2	1	9	7	6	5
6	5	1	3	7	4	8	9	2
2	9	7	6	5	8	1	3	4

SUDOKU #60

9	1	3	7	8	6	5	2	4
5	7	2	9	3	4	1	6	8
6	4	8	1	5	2	9	7	3
2	5	4	6	9	1	3	8	7
1	3	6	8	4	7	2	5	9
7	8	9	5	2	3	6	4	1
8	6	1	2	7	9	4	3	5
3	9	7	4	6	5	8	1	2
4	2	5	3	1	8	7	9	6

SUDOKU #61

5	7	8	3	9	1	2	6	4
6	4	1	2	5	8	9	7	3
9	3	2	7	4	6	1	8	5
7	9	5	1	8	3	6	4	2
8	1	4	6	2	9	3	5	7
2	6	3	5	7	4	8	9	1
1	8	7	9	3	5	4	2	6
4	5	6	8	1	2	7	3	9
3	2	9	4	6	7	5	1	8

SUDOKU #62

4	5	3	7	9	1	8	6	2
8	6	7	4	2	5	1	9	3
9	1	2	8	6	3	4	5	7
5	9	1	6	7	2	3	8	4
3	7	4	1	8	9	5	2	6
2	8	6	3	5	4	9	7	1
6	4	8	9	3	7	2	1	5
1	2	9	5	4	6	7	3	8
7	3	5	2	1	8	6	4	9

SUDOKU #63

2	6	7	8	9	5	3	1	4
1	4	9	3	6	7	2	8	5
3	8	5	1	2	4	6	7	9
5	3	2	6	8	9	1	4	7
8	1	6	4	7	2	5	9	3
7	9	4	5	3	1	8	6	2
4	7	1	2	5	8	9	3	6
6	5	8	9	4	3	7	2	1
9	2	3	7	1	6	4	5	8

SUDOKU #64

5	9	7	8	4	6	2	1	3
2	3	1	9	5	7	8	6	4
8	6	4	2	3	1	9	5	7
4	5	8	7	6	9	1	3	2
6	1	9	3	2	5	4	7	8
7	2	3	1	8	4	5	9	6
3	4	6	5	1	8	7	2	9
9	8	5	6	7	2	3	4	1
1	7	2	4	9	3	6	8	5

SUDOKU #65

8	6	3	5	2	1	7	4	9
9	5	2	6	7	4	1	3	8
1	4	7	9	8	3	6	5	2
2	7	6	1	5	9	3	8	4
4	9	8	2	3	6	5	7	1
5	3	1	7	4	8	9	2	6
6	2	4	3	1	5	8	9	7
7	1	5	8	9	2	4	6	3
3	8	9	4	6	7	2	1	5

SUDOKU #66

5	2	6	4	3	1	8	7	9
1	8	7	5	2	9	3	6	4
9	4	3	6	7	8	5	1	2
8	5	2	3	1	4	6	9	7
6	3	1	2	9	7	4	5	8
4	7	9	8	5	6	2	3	1
2	9	5	1	4	3	7	8	6
3	1	8	7	6	2	9	4	5
7	6	4	9	8	5	1	2	3

SUDOKU #67

7	4	3	6	1	8	5	9	2
5	1	8	9	2	7	3	6	4
9	2	6	3	5	4	1	8	7
4	5	7	1	8	6	2	3	9
8	6	9	4	3	2	7	1	5
1	3	2	5	7	9	8	4	6
2	7	4	8	6	1	9	5	3
6	8	5	7	9	3	4	2	1
3	9	1	2	4	5	6	7	8

SUDOKU #68

4	7	6	2	9	3	8	1	5
8	5	1	4	7	6	2	3	9
2	3	9	8	5	1	6	4	7
9	2	4	6	3	8	7	5	1
3	6	7	1	4	5	9	2	8
5	1	8	7	2	9	3	6	4
1	9	2	3	8	4	5	7	6
6	8	3	5	1	7	4	9	2
7	4	5	9	6	2	1	8	3

SUDOKU #69

5	9	1	2	6	7	8	3	4
4	3	2	8	9	5	7	1	6
7	8	6	4	3	1	5	9	2
2	5	8	3	1	6	4	7	9
6	4	3	9	7	8	2	5	1
9	1	7	5	4	2	6	8	3
1	7	5	6	2	3	9	4	8
3	2	9	7	8	4	1	6	5
8	6	4	1	5	9	3	2	7

SUDOKU #70

1	6	2	3	5	9	4	8	7
3	7	4	2	1	8	5	9	6
5	9	8	6	7	4	1	3	2
9	2	3	7	6	5	8	4	1
6	4	5	8	2	1	3	7	9
7	8	1	4	9	3	6	2	5
4	1	9	5	3	2	7	6	8
8	5	7	9	4	6	2	1	3
2	3	6	1	8	7	9	5	4

SUDOKU #71

4	9	5	6	1	7	3	8	2
3	2	7	4	9	8	1	5	6
8	6	1	3	2	5	9	7	4
2	5	4	7	6	3	8	9	1
7	3	6	1	8	9	4	2	5
1	8	9	2	5	4	6	3	7
5	4	3	9	7	6	2	1	8
6	7	2	8	3	1	5	4	9
9	1	8	5	4	2	7	6	3

SUDOKU #72

6	8	9	5	2	4	3	7	1
3	1	7	9	6	8	5	4	2
2	4	5	7	3	1	9	6	8
9	6	8	2	7	5	1	3	4
5	7	4	1	9	3	2	8	6
1	3	2	8	4	6	7	5	9
8	9	3	6	1	7	4	2	5
7	5	1	4	8	2	6	9	3
4	2	6	3	5	9	8	1	7

SUDOKU #73

2	1	7	9	6	8	3	4	5
5	8	4	3	1	2	9	6	7
3	9	6	4	7	5	8	2	1
7	2	1	5	4	9	6	3	8
6	3	9	2	8	1	5	7	4
4	5	8	6	3	7	2	1	9
1	7	2	8	9	3	4	5	6
9	4	5	7	2	6	1	8	3
8	6	3	1	5	4	7	9	2

SUDOKU #74

9	6	2	5	1	3	7	4	8
8	4	3	6	9	7	1	5	2
7	1	5	8	2	4	3	9	6
5	2	1	3	6	9	4	8	7
6	8	7	1	4	5	2	3	9
3	9	4	7	8	2	5	6	1
2	3	6	9	5	1	8	7	4
1	7	9	4	3	8	6	2	5
4	5	8	2	7	6	9	1	3

SUDOKU #75

4	5	8	6	9	7	2	1	3
1	2	6	4	8	3	7	9	5
9	7	3	5	1	2	8	4	6
2	9	1	3	7	4	6	5	8
6	3	4	2	5	8	9	7	1
7	8	5	9	6	1	3	2	4
5	1	7	8	3	9	4	6	2
8	6	2	7	4	5	1	3	9
3	4	9	1	2	6	5	8	7

SUDOKU #76

3	1	6	4	2	8	5	7	9
9	7	8	1	6	5	2	3	4
4	2	5	9	7	3	6	1	8
1	9	3	6	5	4	8	2	7
6	5	4	2	8	7	1	9	3
2	8	7	3	9	1	4	6	5
7	3	1	8	4	6	9	5	2
8	6	9	5	3	2	7	4	1
5	4	2	7	1	9	3	8	6

SUDOKU #77

6	9	5	7	3	1	4	2	8
3	7	2	4	8	9	6	1	5
1	8	4	2	5	6	3	9	7
5	2	6	9	7	3	1	8	4
7	1	9	8	6	4	5	3	2
8	4	3	5	1	2	9	7	6
9	6	7	3	2	5	8	4	1
4	5	8	1	9	7	2	6	3
2	3	1	6	4	8	7	5	9

SUDOKU #78

4	6	1	9	2	8	5	7	3
9	8	3	5	4	7	2	1	6
5	7	2	1	6	3	8	9	4
7	3	4	8	9	2	6	5	1
8	5	6	3	1	4	7	2	9
2	1	9	6	7	5	4	3	8
3	4	5	2	8	9	1	6	7
6	2	7	4	3	1	9	8	5
1	9	8	7	5	6	3	4	2

SUDOKU #79

5	9	6	2	1	3	8	4	7
3	1	4	5	8	7	9	6	2
8	7	2	6	4	9	5	1	3
9	4	5	1	7	2	3	8	6
1	8	3	9	6	4	7	2	5
2	6	7	8	3	5	4	9	1
4	3	9	7	2	6	1	5	8
7	2	8	4	5	1	6	3	9
6	5	1	3	9	8	2	7	4

SUDOKU #80

6	1	7	9	5	2	3	8	4
8	9	4	3	7	1	2	5	6
3	5	2	8	4	6	9	7	1
7	8	6	5	3	4	1	2	9
2	4	1	6	9	7	5	3	8
9	3	5	1	2	8	4	6	7
4	6	3	7	1	5	8	9	2
5	2	8	4	6	9	7	1	3
1	7	9	2	8	3	6	4	5

SUDOKU #81

8	2	1	6	5	7	4	9	3
6	3	7	4	9	1	2	8	5
5	9	4	2	8	3	1	6	7
1	6	8	7	3	9	5	2	4
7	4	2	5	6	8	3	1	9
3	5	9	1	4	2	6	7	8
2	1	5	8	7	4	9	3	6
9	8	6	3	2	5	7	4	1
4	7	3	9	1	6	8	5	2

SUDOKU #82

7	8	1	9	5	6	4	3	2
3	5	6	4	2	7	1	8	9
4	9	2	8	3	1	5	6	7
1	7	5	6	4	9	8	2	3
6	2	8	5	7	3	9	1	4
9	4	3	2	1	8	7	5	6
5	6	7	1	9	2	3	4	8
8	1	9	3	6	4	2	7	5
2	3	4	7	8	5	6	9	1

SUDOKU #83

7	1	8	6	3	5	4	9	2
2	6	5	9	4	8	3	1	7
3	9	4	7	1	2	5	8	6
4	7	2	3	9	1	6	5	8
6	5	9	2	8	7	1	4	3
8	3	1	5	6	4	2	7	9
9	2	7	1	5	6	8	3	4
5	8	3	4	2	9	7	6	1
1	4	6	8	7	3	9	2	5

SUDOKU #84

9	7	3	2	1	5	6	8	4
4	1	8	9	7	6	3	5	2
6	5	2	3	4	8	9	7	1
1	2	9	7	6	4	5	3	8
8	6	5	1	9	3	2	4	7
7	3	4	8	5	2	1	9	6
5	9	6	4	2	7	8	1	3
3	4	1	6	8	9	7	2	5
2	8	7	5	3	1	4	6	9

SUDOKU #85

5	9	3	4	8	6	1	2	7
1	4	7	9	3	2	8	6	5
8	2	6	1	7	5	4	3	9
4	5	8	3	2	1	7	9	6
7	6	1	5	4	9	3	8	2
2	3	9	8	6	7	5	1	4
9	7	5	2	1	3	6	4	8
6	1	4	7	9	8	2	5	3
3	8	2	6	5	4	9	7	1

SUDOKU #86

4	2	8	7	6	9	3	1	5
3	1	6	5	2	4	8	9	7
5	7	9	3	8	1	2	4	6
8	4	7	9	3	6	5	2	1
6	3	2	1	4	5	7	8	9
9	5	1	2	7	8	4	6	3
7	8	5	6	1	2	9	3	4
2	6	3	4	9	7	1	5	8
1	9	4	8	5	3	6	7	2

SUDOKU #87

8	9	6	4	7	3	1	2	5
3	4	5	9	2	1	8	6	7
7	2	1	6	5	8	4	3	9
6	8	9	3	4	5	7	1	2
4	3	7	1	6	2	9	5	8
1	5	2	7	8	9	3	4	6
9	6	8	2	1	4	5	7	3
5	7	4	8	3	6	2	9	1
2	1	3	5	9	7	6	8	4

SUDOKU #88

9	3	4	1	6	2	8	7	5
6	2	7	8	3	5	1	9	4
1	8	5	9	7	4	3	6	2
2	1	9	3	4	6	7	5	8
5	4	8	7	9	1	2	3	6
3	7	6	2	5	8	4	1	9
4	9	2	6	1	3	5	8	7
8	6	3	5	2	7	9	4	1
7	5	1	4	8	9	6	2	3

SUDOKU #89

5	9	3	2	8	1	6	7	4
2	6	7	3	4	9	5	8	1
8	1	4	6	7	5	9	3	2
1	2	5	8	9	3	7	4	6
6	7	9	5	1	4	3	2	8
3	4	8	7	2	6	1	9	5
9	5	2	1	3	8	4	6	7
4	8	1	9	6	7	2	5	3
7	3	6	4	5	2	8	1	9

SUDOKU #90

3	4	7	5	9	1	6	8	2
1	9	8	7	2	6	5	3	4
5	2	6	3	4	8	9	7	1
7	6	9	1	5	4	3	2	8
4	5	3	8	7	2	1	6	9
8	1	2	6	3	9	4	5	7
2	3	4	9	6	7	8	1	5
6	7	1	4	8	5	2	9	3
9	8	5	2	1	3	7	4	6

SUDOKU #91

6	7	9	1	2	4	8	5	3
8	3	1	9	5	7	6	2	4
5	4	2	8	3	6	9	7	1
1	8	5	4	7	2	3	9	6
7	9	6	3	8	5	4	1	2
3	2	4	6	9	1	7	8	5
9	1	3	5	4	8	2	6	7
2	6	8	7	1	3	5	4	9
4	5	7	2	6	9	1	3	8

SUDOKU #92

9	7	1	2	5	8	4	3	6
8	5	2	6	4	3	1	7	9
6	3	4	1	9	7	8	2	5
7	9	3	8	1	2	6	5	4
4	6	8	5	3	9	7	1	2
1	2	5	4	7	6	9	8	3
3	1	6	9	8	5	2	4	7
5	4	9	7	2	1	3	6	8
2	8	7	3	6	4	5	9	1

SUDOKU #93

8	7	4	2	3	5	6	1	9
3	2	5	9	1	6	7	8	4
1	9	6	8	4	7	3	2	5
7	5	2	4	8	1	9	3	6
9	6	8	5	7	3	2	4	1
4	1	3	6	2	9	5	7	8
5	4	1	7	9	2	8	6	3
2	8	9	3	6	4	1	5	7
6	3	7	1	5	8	4	9	2

SUDOKU #94

6	2	1	7	9	4	3	8	5
8	5	4	1	2	3	7	6	9
7	9	3	5	6	8	1	2	4
2	7	5	9	4	6	8	3	1
4	6	9	8	3	1	2	5	7
3	1	8	2	7	5	9	4	6
9	4	2	6	8	7	5	1	3
1	8	6	3	5	9	4	7	2
5	3	7	4	1	2	6	9	8

SUDOKU #95

9	4	1	7	2	6	5	3	8
5	3	2	4	1	8	7	6	9
8	7	6	9	3	5	4	1	2
3	6	8	1	9	4	2	7	5
1	5	7	6	8	2	9	4	3
4	2	9	3	5	7	1	8	6
2	9	3	8	4	1	6	5	7
6	8	4	5	7	9	3	2	1
7	1	5	2	6	3	8	9	4

SUDOKU #96

5	8	7	3	1	4	6	9	2
2	6	9	8	7	5	1	3	4
3	1	4	9	2	6	8	7	5
8	7	3	2	5	9	4	6	1
9	2	6	1	4	8	3	5	7
1	4	5	6	3	7	2	8	9
6	3	2	7	9	1	5	4	8
7	5	8	4	6	2	9	1	3
4	9	1	5	8	3	7	2	6

SUDOKU #97

6	5	3	4	9	7	8	2	1
9	4	1	8	2	3	7	5	6
8	2	7	5	1	6	4	9	3
4	3	9	1	7	5	2	6	8
5	7	2	6	4	8	1	3	9
1	6	8	2	3	9	5	4	7
3	1	5	7	6	4	9	8	2
7	9	4	3	8	2	6	1	5
2	8	6	9	5	1	3	7	4

SUDOKU #98

5	4	8	9	2	1	7	6	3
1	3	7	5	6	4	2	8	9
2	9	6	3	8	7	1	5	4
4	8	5	1	9	3	6	2	7
9	7	2	8	4	6	5	3	1
3	6	1	2	7	5	9	4	8
8	5	4	6	1	9	3	7	2
7	1	3	4	5	2	8	9	6
6	2	9	7	3	8	4	1	5

SUDOKU #99

4	8	7	2	9	1	5	3	6
5	9	2	7	3	6	4	8	1
6	3	1	4	8	5	7	2	9
3	7	8	6	4	9	2	1	5
2	6	4	1	5	8	9	7	3
9	1	5	3	2	7	8	6	4
8	4	3	9	6	2	1	5	7
7	2	9	5	1	3	6	4	8
1	5	6	8	7	4	3	9	2

SUDOKU #100

3	4	9	7	6	8	2	1	5
5	6	2	9	3	1	4	7	8
7	1	8	4	5	2	9	6	3
8	9	7	6	2	4	3	5	1
6	2	5	3	1	9	8	4	7
4	3	1	5	8	7	6	2	9
1	7	3	8	4	6	5	9	2
9	5	6	2	7	3	1	8	4
2	8	4	1	9	5	7	3	6